JN410044

푸른 눈 티끌

시사랑시인선 43 조신호 제 5시집

푸른 눈 티끌

인쇄 —— 2006년 9월 20일
발행 —— 2006년 9월 23일

지은이 — 조신호
펴낸이 — 장호병
펴낸곳 — 북랜드
110-999 서울 종로구 신문로 오피시아BD 1406호
대표전화 (02)732-4574 | (053)252-9114
팩시밀리 (02)734-4574 | (053)252-9334
교정 —— 배부성
편집 —— 김인옥
영업 —— 최성진

등록일 — 1999년 11월 11일
등록번호 — 제13-615호
홈페이지 — www.bookland.co.kr
이-메일 — bookland@hanmail.net

■ 파본은 바꾸어 드립니다.
ISBN 89-7787-411-4 03810
값 6,000 원

시사랑시인선 43 조신호 제 5시집

푸른 눈 티끌

북랜드

서언

시는 삶의 궤적(軌跡)이다. 이번 시집은 지난 3년 동안의 나의 흔적, 나의 발자국이다. 『눈부시다』(1999)와 『나는 간다』(2003) 이후, 졸음운전 출퇴근에서 벗어나려고 궁여지책으로 시작한 용강동 아파트 생활이 시작(詩作)의 좋은 자양분이 되었다. 은하수처럼 밤하늘 멀리 유유히 흐르는 침묵이 참으로 소중한 원동력이었다.

사물을 찬찬히 들여다보면 프리즘처럼 굴절되어 나오는 빛이 있다. 사물의 관조(觀照)를 통해서 시를 얻는다는 말보다, 사물을 응시하는 유혹에 빨려 들어가서 몰입하다가 무언가 조금 얻어 와서 몇 줄 시를 쓴다는 말이 더 자연스럽다. 충허공적(忠虛空寂), 즉 "가득 찬 것 같으면서도 텅 비어 있는 적막한" 삼라만상(森羅萬象)이 날마다 나의 스승이 되어 무언의 내면을 가르친다.

내 자신을 제외한 모든 것이 사물이다. 자의적인 정의를 적용하면, 사물의 범주가 통합적이어서 '개념'과 '현상'을 그림자처럼 포함하고 있다. 모든 사물이 "내함중묘(內含衆妙)하고 외응군기(外應群機)하므로"(金剛般若波羅蜜經), 그 속에 빛이 스며있다. 그 빛에 우리 삶으로 굴절되어 나온다.

반딧불처럼 파란 불빛을 달고 있는 사물 하나하나가 이승의 삶을 바라보는 창문이며 한 걸음 다가서는 통로이며, 오솔길이다. 앞으로 더욱 더 그 빛의 길을 따라 끝없이 가다가 소멸되고 싶다.

나를 제외한 2인칭과 3인칭 모든 타자(他者)는 이 두 가지 중간에 서있는 존재가 바로 내 자신이다. 양자의 속성을 동시에 가지고 있는 내가 원하는 것은 역시 빛이다. 사람과 인간관계 속에 빛을 발견하지 못하는 경우에는, 풍자(諷刺)를 통해서 그 주변을 배회한다. 풍자는 아쉽고 안타까운 망설임이다. 울면서 웃어야 하는 모순이다.

어느덧 이순(耳順)의 문턱을 넘어섰다. 충허공적(忠虛空寂), 즉 "가득 찬 것 같으면서도 텅 비어 있는 적막함"이 너그러운 친구처럼 다가온다. 몸도 마음도 한층 더 가볍게 살아가고자 한다. 바람처럼 구름처럼 살고 싶다. "삶은 바람소리일 뿐이니".

2006년 9월

雲轉 曺 信 鎬

차례

차례

푸른 눈 티끌

티끌에도, 세상을
멀리 바라보는 푸른 눈동자가 있다

오늘은 바람과 함께 달려오더니
한 순간 내 눈에 들어와서
숨찬 가슴 창백한 모습으로
— 여기 잠시 쉬어 가자!
흐느껴 눈물 흘린다, 파키스탄
북동부 지역 큰 지진으로 3만, 4만
죽은 사람들, 지금도 죽어가는
이름도 얼굴도 모르는 영혼들이
자꾸만 눈에 걸려, 눈물이 난다고
울고 있다, 푸른 눈 티끌이

그래서 나도 함께 울고 있다
이 아름다운 10월의 아침에*

* 2005년 10월 10일.

A Dust of Blue Eyes

A dust also has celestial blue eyes
That can see a long distance.

Today, suddenly you came running with wind
Being choked with tears, saying,
— Let's have a rest here for a while!
A terrible earthquake occurred
In the northeast region of Pakistan, so
The dead may be thirty, forty thousands,
And people are dying now. Even though
You don't know their names and faces,
You are weeping at heart with tears,
As they repeatedly scratch your eyes.

So that, I am weeping with you
On the beautiful October morning.*

* October 10th. 2005

강물이 흐르고

한강을 내려다보는 아파트에
세금이 더 부과된다는 것은
우리 마음속에 늘 강물이 흐르고
국세청 컴퓨터에도 물새가 운다는 말이다
아침에 일어나 창문을 열면서
물안개 나루터에 빈 배를 기다리며
흐르는 물결에 수초가 일렁이고
물살을 가르며 오가는 피라미들이
투명한 알을 낳고 치어들이 깨어날 때
쇠물닭이 푸드덕 날아간 보금자리
떨어진 깃털에 따스한 체온이 남아
여명의 하늘이 밝아온다는 말이다
강변 아파트에 바람이 불어오고
물결 위에 종종걸음 바람 발자국이
은빛 스치며 지나가는 하늘 저 멀리
푸른 바다가 출렁거린다는 말이다

(2005)

목련꽃

목련꽃 그늘에 서면
네가 떠날 때 듣지 못했던
낮은 발자국 소리가 들린다
뒤돌아보지 않으려고 어금니 물고
한 잎 두 잎 땅바닥에 떨어지는
네 커다란 눈동자의 여운이
하얀 꽃잎으로 쌓인다

신록 찬란한 5월이라면
이렇게 발돋움 숨을 죽이며
너의 뒷모습 멀리, 두 눈 감고
앙상한 가지 끝에 매달리지 않을 텐데
건듯 바람 스치며 목이 마르다가
하얀 눈시울이 저리 붉어
석양 하늘이 저문다

(2004)

산벚꽃

산벚꽃 한 그루 환한
영혼이 가득한 사람을 만나면
아쉽게 그와 헤어진 뒤에도
그 밝은 빛의 잔영이 눈에 어른거려
온종일, 그 다음 날까지
때로는 일주일 내내, 그 발자국이
주변을 그림자처럼 감돌아 행복하다
무조건 돈을 벌어 졸부가 되려고
권모술수로 세상을 거머쥐려고
주야로 물불을 가리지 않으면서
그까짓 영혼 같은 거, 창고 속
거미줄 음습한 구석에 던져두거나
이미 오래 전에 하수구 멀리
내동댕이치며 다시는 찾아오지 마라!
결별을 고한 사람들이, 우람한
산맥처럼 줄달음치는 세상
어두운 오솔길에 등불을 켜듯
환한 혼(魂)빛으로 피어나는 산벚꽃
그 아름다운 미소!

(2005)

의자

점심 먹고 잠시, 사무실
의자에 기대어 슬며시 졸다가
늘 편안하게 안아달라고
뒹굴며 어리광부려 보는 의자에게
진정 고마운 생각을 하면서
미안해서 얼른 자세를 바로 잡다가
어머니, 이미 저승에 가셨지만
한평생 기대어 살면서
따스하게 스며드는 어머니
두 눈 감고 하늘 멀리 바라보면
늘 옆에 와 계시는 어머니
젖은 손이 마를 날이 없었던
허리 아픈 세월이 약속했던 어머니
잠시라도 여기 편히 앉으십시오!
회전의자 천천히 안고 가서
보문호(普門湖) 만발한 벚꽃 잔치에
뱃놀이 두둥실 모시고 싶습니다

(2005)

호드기

— 안동지방 어느 마을 골목길

실건아, 니 우리 호득이 못 봤나?
호드기요, 내 호드기는 여기 있지만
할매네 호드기는 못 봤니더!
옛끼 넘아, 그게 무슨 호득이고 초래지
이게 어째 초래이껴, 할매요
호드기지요, 버들피리 말이시더
이눔아! 그게 어디 버들피리더냐?
버들피리는 물괴기란다, 물괴기
할매요, 그럼 물괴기 소리 한번 들어보이소!
삘리리, 삘리리, 삐리리

(2004)

신념

그는 늘 망치를 가지고 다녔다
책걸상에 튀어나온 못을 보면
어김없이 쾅쾅 두드려 박아
제자리 든든하게 돌아가게 했다
그러면서 다른 사람들이
왜 망치를 가지고 다니지 않는지
왜 튀어나온 못대가리를 보고
그냥 지나치는지 납득할 수 없었다
자신의 망치가 세상의 보물이라는
신념이, 더욱 더 확고한 사람이 되어갔다
어딜 가나 삐걱거리는 창문은 물론이고
완고한 대문까지도 힘차게 두드려서
찍소리 못하게 만들어 버리곤 했다
그러던 어느 날 집에 와서, 아내의
검은 쪽머리 빛나는 은비녀를 보고
습관처럼 망치로 힘차게 두드렸다
여기 웬 못이 이렇게 튀어나왔어, 라고
중얼거리면서

(2005)

우이독경(牛耳讀經)

요즈음 북악산 어디선가
"임금 귀는 황소 귀!" 라는 소리가
한밤중에 들려온다는
그런 소문일랑 믿지 말게!
지금이 어디 신라시대인가?
온 라인 오프 라인 언로(言路)가
열려 있는 참 좋은 시대, 좋은 나라에
웰빙(well-being) 찾으며 살고 있잖은가?
그런 소문이 설령 사실이라도
옛부터 "황소 귀에 경 읽기" 아니던가?
실망하거나 너무 아쉬워하지 말게
황소가 뿔싸움만 일삼고
도무지 밭을 갈 생각은 하지 않는다고
너무 앞질러 가지 마시게 !
금수강산 끈질긴 이 땅의 혼이
어찌 농사를 망치겠는가?

(2004)

만파식적(萬波息笛)

밥이나 먹고 살게 되면서
명품, 명품 하다 보니
요즈음 사람들이 하고 다니는 것
열에 아홉은 짝퉁이라 한다

옷이 짝퉁이고
가방과 모자가 짝퉁이고
신발이 짝퉁이다 보니
사람도 십중팔구는 짝퉁이라서
국회가 저 모양 저 꼴이라 한다

어허, 수능시험도 짝짝퉁이라 !
그렇다면, 이 시(詩)도
짝퉁 만파식적이 아닌가?
세상에 근심을 더 하는

(2004)

봄비

봄 가뭄이 계속되던 4월 중순
봄비가 푸근히 내려야 한다고
이러면 안 되는데, 언제쯤 올 거냐고
아내가 몹시 걱정하는 걸 보고
논밭도 없으면서 무슨 걱정인가 했더니
봄비가 내리고 따스한 바람이 불면
온 세상에 푸른 생기가 돋아나고
산에 들에 어린 쑥이 올라오면
쑥국도 끓여먹고, 쑥떡도 만들어
멀리 있는 아들딸에게 보내고
이웃집에 나누면서 쑥 향기 그윽한
아름다운 봄날이 찾아온다고
봄비가 내리고 훈풍이 불어오면
한해 농사도 잘 되고
온 세상이 아름다워진다고

(2005)

우산처럼

부러져 녹슨 살대 하나
시멘트 바닥에 내려놓고
눅눅한 옆구리로 비스듬 기대어
현관 구석을 지키는 너를 보면
배고픈 처자식을 먹여 살리려고
돈 많은 사람 대신에 무거운 곤장 맞고
골목길 절룩거리며 돌아와서
바로 눕지 못하여 비스듬 엎드려 있는
못난 흥부 같은 사람이 생각난다

염려하실 거 없습니다!
처음부터 대신 비 맞으려고
이 세상에 태어났습니다
나 하나 먼저 비에 젖으면
많은 사람들의 근심을 덜어 주니
한평생 할 만한 일이지요!
손목을 꼭 잡아주며 함께 걸어가는
당신의 따스한 체온이 참 좋아서
늘 비 오는 날이 기다려집니다

(2005)

빨래집개

지난밤, 어둠에 매달려
허공에 뒤척이고 있을 때
바람이 찾아와서 온몸을 흔들며
함께 가자! 어서 가서
산 너머 저 멀리 무지개 마을에 가서
오색영롱하게 살자고 했지만
한 줄 보잘것없는 하늘을 지키며
오늘 아침, 이렇게 너를 껴안는다
먼지와 땀과 피로를 맑게 씻어낸
젖은 육신을 제대로 가누지 못하는 너를
하늘 푸른 햇살에 휘날리며
먼 우주의 무한 숨결 벅차게
너를 안고 펄럭인다
이 땅의 어머니들처럼
구부러진 작은 손목이
바람에 턱턱 갈라지다가
허리뼈가 부러질 때까지

(2005)

자동점멸등

늦은 밤 지친 발걸음이
어두운 현관에 서서
열쇠 꾸러미를 뒤적일 때
한순간 깨우침
밝은 눈을 뜨게 하여

—자, 어서 문 열고 들어가게
—곧 다시 암흑이 오고
—오늘도 돈오점수(頓悟漸修)라네 !

고맙네, 하지만
한순간 스치는 여운만 남기며
허전한 바람으로 가버리지 말고

이보게, 친구!
삼라만상을 환하게 바라보는
혜안(慧眼)의 문을 열어주게

(2004)

정수기(淨水器)

나의 근심과 걱정
잡다한 일상의 번민까지
가슴 속 은밀하게 다 걸러놓고
맑고 시원한 미소로
목마른 가슴을 적셔주는
당신의 고마움을, 늘
잊어버려 미안합니다

내가
오늘 하루
누군가 황사 바람에
바삭바삭 입술이 탈 때
맑고 시원한 한잔의 물이 되어
흙먼지를 씻어 줄 수 있다면
그것은 당신의 공덕입니다

(2004)

홍시(紅柹)

잘 익은 홍시를 먹으려다
잠시 식탁에 내려놓고

스스로 해탈한
진홍(眞紅) 동안(童顔)에게
고개 숙여 예(禮)를 올린다

불과 열흘 전만 해도
떫어서 먹을 수 없다고
돌아섰던 손목이 부끄럽다

홍시를 다 먹고 나서도
가야 할 길이 먼 나는
여전히 떫은 땡감이다

(2005)

빈 그릇

3월 첫 주말, 퇴근하면서
씻어 놓은 찻잔을 하나씩 엎어둔다
귀때그릇, 다관(茶罐), 퇴수그릇도
그 옆에 텅 빈 커피 잔도
하얗게 엎어 두니, 편안하다

어릴 때 한 밤 중에 제사 지내며
가족 모두 엎드려 조상님께
예를 올리던 모습이 생각난다

종소리 멀리 깃발 흔드는
산 속 묵언의 수도자들이
엎디어 기도하는 목소리가 들린다

재(灰)의 수요일이 지났으니
내일이 사순(四旬) 첫 주간이다
묵언(默言)의 낮은 눈으로

(2006)

꾸지람

우리 집 시멘트 담벼락과
콘크리트 포장 골목길 틈새에
발돋움 자란 잡초가 눈에 거슬려
민들레, 냉이, 씀바귀, 질경이
정든 이름들을 단숨에 다 뽑아 쥐고
두 손에 움켜 쥔 흙 묻은 뿌리들을
언뜻 바라보는 순간, 손목에
감겨드는 낮은 목소리를 듣는다
이 죽음의 골목길에, 바람이
실눈 같은 틈새를 열어놓았다는
소식을 듣고, 먼 길 달려와서
이른 봄부터 부지런히 흙을 보듬어
뿌리 내리며 꽃피우고, 이렇게
씨앗을 매달고 마지막 기도하는데
골목 청소한다고 다 죽이고 마는구나!
그게 사람 구실하며 사는 거냐?
그렇지, 잡초 같은 눈에는
세상 모두가 잡초로 보일거지

(2005)

부채

어디선가
에어컨 돌아가는 소리가 들리지만
삼백 명 합동강의실 뒤쪽 구석은
좁은 의자에 묶여서 덥다
'조직의 변화'를 강조하는 과목에
수면제를 뿌리는 강사의 목소리
깜박 졸다가 깨어나니 더워서
얇은 종이, 그 반을 접어 부채질한다

지우개로 잘못 쓴 글자를 지우듯
시원하게 지우려고 바람을 문지른다
졸음을 지우고, 더운 시간을 지우고
그림자처럼 박제된 나를 지운다
부채질은 지금 나의 화두(話頭)
손바닥 바람의 진수를 깨우쳐
무더운 번뇌를 해탈할 수 있을까?
허공을 흔들어 바람도 지운다

(2005)

빈 접시

아마 오전 열 한 시쯤
노크 소리가 나더니
두 눈에 아름다운 미소를 머금고

고소한 비스킷과 진홍색 불타는
담쟁이 단풍잎 두 장이 담긴
하얀 접시를 내 책상에 두고 갔다

하던 일을 끝내고
그 아름다운 중참을
고마운 마음으로
녹차와 함께 먹었다

이리저리 바쁘다가
퇴근하려고 돌아서다가
창가에 하얀 빈 접시를 보니
담쟁이덩굴 진홍 단풍잎이

석양에 빛나는 뒷산
불타는 하늘 오솔길 가자고
말없이 기다리고 있었다
발돋움 미소로

(2005)

숨비소리

제주
우도(牛島)의
물결 푸른 바다

휘파람소리 같은
물새소리 같은
해녀들의 숨비소리
휴우 - - 휴유우 -
바람에 휘날린다

열 길 물속으로, 오늘도
목숨을 던지는 무자맥질하다가
막다른 순간, 턱까지 치밀어 오른
바다의 공허(空虛)를 토하며
몸부림, 하늘 허공(虛空)을 마신다

우뭇가사리 가지처럼
해류에 출렁이는 하루

걸바다[*] 검은 현무암 너머
가족들의 얼굴들이
하얀 파도로 부서진다

(2006)

* 걸바다 : 모래와 뻘이 아니라 용암으로 뒤덮인 바다

뒤통수

연수 5주 동안
3백 명 합동강의실 지정 좌석
맨 뒷줄에 앉게 되면서
날마다 백여 사람의 뒤통수를
살펴보는 버릇이 생겼다

오십 중반 혹은 이순(耳順)의 나이
세월 비바람을 살아오면서
흰서리가 내리는 응달 기슭
둥그런 산사태(山沙汰), 그 황토 빛
허전한 여백(餘白)이 졸음에 못 이겨
천장 불빛이 비스듬 뒤척인다

함께 머리 감고 빗질하면서도
평생 가르마 한번 긋지 못하지만
변함없이 든든한 뒷받침해 주었다
사진 찍을 때도, 서자(庶子)처럼
뒤편에 숨어서 변함없는
울타리가 되어주었지

오늘 밤도, 낮은 베개에 누워
지친 하루를 뒤척이며
늘 그렇게 살아온 아버지들처럼
고단하게 잠드는 뒤통수!

(2005)

우화등선(羽化登仙)

— 한국교원대 이홍수 교수의 강의

2005년 초여름
그의 진솔한 강의를 들으면서
그렇군, 한 마디로 '우화등선'이군!
혼자서 무성(無聲)의 탄성을 지르며
가슴 찡한 박수를 보냈다

어느 직업에든 다 적용되겠지만
특히 2세들을 가르치는 교직
초등학생이든 대학생이든 간에
교단에 서는 사람은 반드시
애벌레 단계에서 스스로 자라
번데기 과정을 성큼 넘은 다음
두 날개 크게 펴고 하늘 높이 날아가는
우화등선의 경지에 들어서야
생명의 알을 낳을 수 있다

애벌레로 꿈적거리다가
혹은 번데기 정도는 되었으나

허공에 매달려 대롱거리다가
정년을 맞이하는 안타까운 이들에게
범나비, 호랑나비의 기쁨을 일깨우는
그의 교직 신념에 큰 박수를 보낸다

(2006)

용강 우거(寓居) 1

— 문향(聞香)

작은 아파트에
가구도 없이 혼자 살면서
현관문 두 겹 잠그고
창문까지 닫아건다.

대문 없이
창호지 얇은 바람에 살던
어린 시절 고향집이
아득히 그리운 밤

어디선가 라일락 향기가
발돋움 다가와서, 선녀처럼
살며시 창문에 귀 기울리다가
달빛에 돌아서는 밤

아버지 어머니
지금 계신 그곳에는
닫아 걸 문 같은 거 없으니
꽃향기 가득 하겠지요

(2005)

용강 우거(寓居) 2

— 침묵

작은 집에
일 년 넘게 혼자 살면서
늘 풍성한 침묵이 좋아서
오늘도 무한궤도 기차를 타고
우주 원두막에 오른다

별이 스치며 지나가는
밤하늘 여백을 안주 삼아
은하수 강물을 다 마시고
적멸(寂滅)의 공명에 취하여
한 줄기 바람에 흐른다

침묵으로 기도하고
무언의 응답을 듣는
하느님의 음성이
한 줄기 달빛에 스며든다
계수나무 꽃향기처럼

(2005)

용강 우거(寓居) 3

— 나의 잔상(殘像)

출근하려고 집안의 전기와 가스
한 바퀴 확인하면서, 다시 한 번
뒤돌아보는 나의 잔상(殘像)을
안방 옷걸이에 고이 걸어두고
현관문을 잠근다, 제대로 되었나
손잡이를 확인하다가
— 걱정 말고 잘 다녀오너라!
— 내가 잘 지키고 있을게!
방안에서 전하는 목소리를 듣는다
가진 것도 별로 없는
작은 아파트를 이토록 끈질기게
확인하고 잠그는 행위를 계속하는
일상의 반복, 그 하찮은 강박감을
애써 떨치며 골목길을 나선다
어릴 때, 대문도 없이
창호지 얇은 방문에 손잡이만
동그랗게 늘 정겨웠다고
혼자서 중얼거리며 출근한다

(2005)

용강 우거(寓居) 4

— 따스한 밥그릇

혼자 밥 먹으려고
기도하는 시간이 되면
아무도 모르게 엄숙하다
따스한 밥그릇의 수증기와
냉장고가 품고 있던 반찬의
찬 기운 서늘한 눈매와 함께
흐트러진 자세를 바로 잡는다
굶주려 피골이 상접한 아이를 안고
허공을 응시하는 아프리카의 어미가
눈앞에 생생하게 떠나지 않는다
하느님! 그들을 굽어 살피소서! 하면서
따스한 밥그릇의 은총을 먹는다
멀리 있는 가족들의 이름과 얼굴이
한 모금씩 다정한 국물이 된다
혼자서 밥 먹는 이 시간
아무도 모르게 거룩하다

(2005)

용강 우거(寓居) 5

— 가을

가을이 깊어 가면
잘 다려진 하얀 와이셔츠에
진홍색 넥타이 정장으로 출근하고 싶다
먼 하늘 흰 구름 같은 하얀 촉감이
살그락 겨드랑이 스치는 발걸음이
푸른 하늘 높이 여린 휘파람을 분다
가슴에 따스한 태양 한 조각이
붉은 단풍으로 물들어 물결치면서
어디선가 은빛 바람이 불어와
맑은 풍경소리로 들린다
순백의 하얀 안개가 흐르는
산골 숲 속으로 가는 오솔길에
오색 단풍에서 방울소리 같은
샘물이 솟아나는 아침 출근길
마주치는 사람들의 얼굴마다
진홍빛 미소가 벙그는 아침이다

(2005)

용강 우거(寓居) 6

— 우음(偶吟)

연말정산 서류를 정리하다가
2005년 일 년의 삶을, 비스듬
기울려 손바닥에 쏟아본다

바람과 구름에 흘러온
황사 몇 점과, 그 티끌 위에
스치고 지나간 시간의 그림자뿐
빈 손바닥, 아무것도 없다

증빙 서류 란에
'삶은 풍경(風磬) 소리'라고 적으며
빈 손바닥을 접는다

(2005)

용강 우거(寓居) 7

— 동행(同行)

신록의 주말 오후
아파트 현관에 들어서니
문이 열린 엘리베이터 안에서
초등학교 3학년쯤 되는 소년이
큰 소리로 손짓하며 말한다
할아버지 어서 오세요!
(그놈 참, 기특하구나!)
오른쪽 복도로 방향을 바꾸며
그래, 너 혼자 어서 가거라

그렇다, 지금 너와 동행하여
정신없이 붙어 앉아 게임 한 판하고
다시 나와 인라인 타고, 공차기도 하고
골목길 군것질도 질겅질겅 하고 싶지만
마음 같이 그럴 수 없구나
내가 가는 곳은 1층 낮은 방
귀[耳] 한 쪽은 조금 쉬워[順]졌지만
이런 저런 게 어려워지는 나이다

(2005)

용강 우거(寓居) 8

— 만남

경주 보문호에
벗꽃이 기다린다 하여
늦은 밤 혼자 갔너니

연분홍 긴 치마
밤길 멀리 떠나가 버린
꽃잎 발자국만 남았다

유록 빛 꽃가지에
하얀 초승달이 걸려
이슬 젖는다

(2005)

용강 우거(寓居) 9

— 부싯돌

몇 해 전부터
평형감각에 이상이 생겨
치료 받아도 완치되지 않고
계단을 내려오거나, 에스컬레이터
오르고 내리면서 조금씩 비틀거린다
세상 사는 것이 늘 그러하듯
조심해도 가끔 넘어지며 다친다
하지만,
어딘가 툭 걸려 넘어질 때처럼
한순간 부싯돌 번득 불꽃이 일어나
한 편의 시를 쓰는 경우도 있다
책을 읽으며 밑줄 긋다가
길 가다가, 뉴스 시청하다가
신문 보다가, 대화하다가 갑자기
밥 먹다가, 물 마시다가
좀 더 자주 툭툭 걸려 넘어지고 싶다
넘어지고 시퍼런 멍이 들기도 하고
피가 철철 흘러 몇 바늘 봉합하기도 하고

부러진 이빨을 보철하며 고생하지만
그래도 시 한 편 얻을 수 있다면
그 얼마나 좋은 일이겠는가?

(2005)

부평초(浮萍草)

— 톤래삽 호수 선상가옥 난민들

베트남 전쟁 동안, 미국의
융단 폭격을 피해 국경 넘어
남루한 목숨을 부지하다가
고향도 조국도 다 잃어버리고
톤래삽 황토 물 호수에 떠다니는
캄보디아의 한 포기 수초(水草)

선상 가옥에 지번(地番)이 없고
가족 모두 주민등록도 없으니
무국적(無國籍), 우주 시민이다

황토 물결 동그랗게 가꾸어 놓은
앞뜰 부레옥잠, 부평초 정원에
어린 물고기와 새우들이 찾아와서
온갖 세상 번뇌 다 잊어버리고
하늘과 바람과 물에 젖어
그냥 그렇게 살다 가자고 한다

열대 낮은 바람에
한나절 피고 지는
부레옥잠 연보라 꽃잎처럼

(2005)

실크로드

연말 모임에 갔다가, 옆자리
이순(耳順)이 넘은 한 문인(文人)이
얼마 전에 남미 8개국을 다녀왔다고
은근히 자랑하며, 지금까지
전 세계 83개국을 여행하였고
앞으로 그 만큼 많은 나라로
두루 유람할 생각을 덧붙였다
여행을 좋아하는 사람이면
누구나 부러운 일이다

먼 나라에 가서 보고 듣는 동안
한 가지씩 버리며 비우지 못하고
도깨비바늘처럼 가는 길 여기저기
덧붙여 온 수많은 가시들이
가슴속 깊은 곳을 찌르게 된다면
여행이 삶을 더욱 투명하게 키워주는
누에의 뽕잎 같은 양식이 아니라
공항 면세품으로 사온 외국 담배처럼

한 줄기 연기로 타버릴 것이니*

(2005)

* 누에를 기르는 잠실(蠶室)에서 담배를 피우면 누에가 죽어 버린다.

하롱베이(下龍 bay)

— 선상 가옥 누렁이의 눈동자

하롱베이, 바다 골목길
출렁이는 선상가옥 갑판에서

누렁이 한 마리가
스치는 나그네에게 컹컹 짖는다

오후 3시, 통킹만 햇살은
호수 같은 수면에 잔잔히 흐르고

쓸쓸한 누렁이 눈동자가
물결 위에 번쩍거리다가

기암절벽 바위섬으로
바람처럼 달려가고 있다

마음껏 뛰고 싶다 !
이 세상 끝까지 달리고 싶다 !

(2005)

만리장성

장성(長城)에 오르니
누가 어깨를 툭 친다
팔달령(八達嶺)을 넘어오는 바람이다
왜 그러느냐? 하고 물으니,
두 번씩이나, 여기 왜 왔느냐?
그야, 장성이 여기 있으니 왔지!
그럼 무얼 배우고 가느냐?

그렇게 묻는다면 할 말이 있지. 권력, 부귀영화, 탄압, 질병, 굶주림, 고독, 죽음 그 모든 것이 바람처럼 사라진다는 거지. 무심한 돌만 이렇게 남아 있고, 무(無)에서 시작한 삶이 무(無)로 끝난다는 평범한 진리 말이야. 인간만사가 "색즉시공(色卽是空) 공즉시색(空卽是色)"이니, 장성(長城) 또한 집적된 공(空)이요, 애써 오르내리는 일 또한 숨 가쁜 공(空)일 뿐이지.

그러자
촌놈 주제에 아는 척 하는군! 하면서
저 멀리 북경 시내로 날아간다

(2006)

알, 알라, 하느님

2005년 8월 5일
국제 테러 조직 **알** 카에다(Al-Qaida)의
제2인자 **알** 자와히리(Al-Zawahri)는
아랍권 위성 채널 **알** 자지라(Al-jaxeera)에
녹화된 비디오 방송으로, 전 세계에 알린다.
지난번 런던 폭발 테러의 책임은
세상을 바로 **알**지 못하는 토니 블레어 수상이
자초한 것이며, 이라크 파병을 고집하면
아무도 **알** 수 없는 무서운 파괴가
영국과 미국에 또 있을 거라고,
러시아제 칼라슈리코프 소총을
옆에 세워놓고 **알**차게 경고했다

알(Al), **알라**(Allah), 하느님
하느님도 자의적(恣意的)입니까?

(2005)

* 아랍어 명사 앞에 붙는 알(Al)은 알라(Allah),
즉 하나님을 의미한다.

자의적(恣意的)

말(馬) 한 마리를
앞에 놓고

한국 사람들이 말[馬]이라 할 때
중국인들은 마아(馬)라 하고
영어 사용자들은 호스(horse)라 하고
독일인은 페르트(pferd)라 하고
프랑스인들은 슈발(cheval)이라 하고
스와힐리 사람은 파라시(farasi)이고
노르웨이는 헤스트(hest)이고
스페인 사람들은 카발로(caballo)라 하고
터키에서는 아트(at)라 한다

말 〔言〕 을 잘 다려서 쓴
시(詩)도 자의적이겠지만,
시의 정신은 그 산맥을 넘어
푸른 하늘이 되어야 하리

(2006)

나무와 숲

요즘 텔레비전에
'부분'이라는 말이 너무 많아
귀가 편하지 못하다

"개인적인 생각하는 '부분'은
세금 문제가 매우 중요한 '부분'이므로
반드시 짚고 넘어가야 할 '부분'입니다."

전염성 강한 말의 바이러스
유행성 대용어(代用語), '부분'에
감염되어 스스로 환자가 된 사람들이
전체와 부분을 서로 뒤섞으며
날마다 부분에 걸려 있다

말이 곧 민족의 혼(魂)이니

'부분 신드롬'에 갇히면서
나의 조국 대한민국 산하(山河)

곳곳에 혼자 잘난 나무들은 많아도
크고 아름다운 숲이 없어질까
부질없이 염려되는 밤!

(2005)

소씨름

기운 찬 수놈 끼리
씨름 한판 붙습니다
재미있게 구경하십시오

청도 '소싸움' 경기장 건설하다가
지루한 법정 싸움해 온 거
잘 알고 있습니다, 그렇게
싸운다고 세상이 더 좋아진다면
날마다 피 흘리며 뒹굴다가
죽고 죽이는 결말을 보겠지만
우리 황소들은 싸우지 않습니다

뿔을 맞대고 밀고 당기며
온몸 뜨겁게 땀 흘리며
잡다한 시름 다 씻어버리지요
여당 야당 그런 거 없고
상금이나 금메달 같은 거
아무 소용 없습니다.

강한 자에게
종족의 장례를 맡기며
부드러운 모래판의 씨름일 뿐
푸른 하늘처럼, 저렇게
한나절 허물없이 사는 겁니다

(2005)

편견

<있다네, 간다네, 이라네, 하다네>
이런 종결어미로 쓴 시를 만나면
마치 빨강, 노랑으로 염색한 사람처럼
시선을 피하는 편견을 가지고 있다
꼭 그렇게 해야 좋은 시를 쓰고
유명한 시인이 되는 지름길일까?
시가 무슨 명품 유행에 속하는 듯
'선운사 동백꽃'을 운운하는
시를 한 편씩 써야하는 모방 심리처럼
<가네, 보네, 있네, 주네>로 쓴 시를
못내 아쉬워하는 내가 가엾다
길거리에서 호객하는 사람처럼
시가 독자의 손목을 잡아끌며
감동과 찬사를 강요하는 심정을
뿌리칠 수 없는 편견 때문에
말의 굴레에서 쉽게
벗어나지 못하기 때문에

(2005)

설법(說法)

만물이 소생하는 봄날
뒷산에 올랐다가

산도화(山桃花) 가지에게
인생이 무어냐고 물었더니

스치는 바람만 어루만질 뿐
아무 대답이 없었다

며칠 후 다시 가 보았더니
가지마다 연분홍 꽃이 피어

벌 나비 붕붕
발돋움하고 있었다

(2004)

산도화

한식날
부모님 산소에 갔다가

내 고향 구봉산
아홉 봉우리 넘어 오는데

어디선가, 나를 부르는
어머니 목소리가 들리는 듯하여

발걸음 멈추고
뒤돌아보았더니

산도화(山桃花) 한 그루가
곱게 피어 있었다

(2004)

산 메아리

고향에 와서, 어릴 때
함께 놀던 산 메아리

불러도 대답이 없어
산 넘어 찾아 갔더니

허리 굽은 소나무가
쓸쓸한 목소리로 하는 말

취직하러 서울 가더니
소식이 없어!

(2005)

산 불

진달래 피는
아름다운 봄에도

오색 단풍
물결치는 가을에도

늘 평상심(平常心)
먼 산이시던 분

오늘밤
검붉은 피를 토하며

뜨겁게 울고 있다
어두운 하늘에

(2005)

황사(黃砂)

바람처럼 귓가에
나직한 체온을 전하며
무언가 속삭일 때, 너를
그림자 같은 너를 모르다가

저기 먼 산 고갯길 넘어
하늘 아득히 멀어지면서
안개 같은 너의 모습이
선명하게 다가서는구나

겹겹이 너의 목소리가
낮은 공명 깊은 메아리치니
너무 가까이 있어도
너무 멀어도 알 수 없는 너

나의 목덜미 껴안고
머리칼 쓰다듬어 부비며
자꾸만 가슴속에 파고드는구나
노오란 발자국 남기며

(2005)

담쟁이 덩굴손

올해도 2층 창가에
유록색 담쟁이 덩굴손이
아침 이슬 맑은 얼굴로
사무실을 들여다본다

봄날 온종일
어린 달팽이 눈망울로
두리번두리번
사람들을 바라본다

누가 무슨 말로
귀띔해 주었을까?
오늘은 고개 숙이고
뒤돌아선다

패션 모델

음악이 울리고
무릎이 힘차게 걸어간다

좌우로 흔들며, 비틀거리며
눈부신 조명 속으로 들어간다

화려한 옷을 휘감은
나는 패션이다, 디자인이다

박수 소리가 풍선처럼 허공에
둥둥 떠 올라 소리 없이 터진다

짧은 순간 한순간
바람 스치듯 옷이 돌아 선다

뒷모습, 그 여백 속으로
오늘의 발자국이 사라진다

(2005)

헌 구두를 버리며

지난 7년 동안
너는 나의 모든 행로
함께 걸어왔다, 함께
기뻐하며 행복하기도 했고
실망하기도, 슬퍼하기도 했지
차마 부끄러운 나의 몰골에게
슬며시 돌아서서 나직하게 격려하며
다시 힘찬 발걸음을 재촉해 주었을 때
참으로 고맙고 든든하였다
3년 전이었던가?
낡아서 달아버린 세월이 아쉬워
앞뒤 창을 자르고 덧붙이는
환골탈퇴 작업을 머뭇거릴 때, 선뜻
나서서 살과 뼈를 다 내어 놓았지
한 번도 나를 저버린 적이 없는 너를
오늘에 와서, 새 구두가 왔다고
너를 외면하는 내가, 미안하다!

쓰레기봉투 속에 들어가는 너의
그 허전한 뒷모습에 두 눈 감는다
부디 잘 가거라!

(2005)

눈 내리는 밤

겨울밤 눈이 내릴 때
뒷산에 돌이 굴러 오듯
무서운 소리로 쏟아진다면
아무리 온 세상이, 은빛 눈부신
설국(雪國)의 아침을 맞이한다 해도
어둠 속에 잠 못 이루는
사람들이 얼마나 많을 건가?

다행스럽게도 겨울밤 눈은
세상 모두가 잠들어 있는 동안
소리 없이 산천을 온통
아름다운 신천지로 만들어준다
여야 공방이 치열한 정치가들이
언제쯤, 엄동설한 늦은 밤 귀갓길에
따스한 가로등이 되어줄 건가?

(2005)

이 별

내일 아침이면, 하늘 바다
먼 저승으로 떠나가는 부두에서
그 친구가 기다린다 하여
밤길 서둘러 병원 장례식장에 갔더니
정지된 시간의 검은 리본으로
무겁게 봉인된 액자 속에
싸늘하게 굳어진 얼굴 하얗게
너무 아파서 이승을 떠난다고
그는 한 마디 울지도 못하고
손바닥 내밀어 악수도 하지 않았다
잘 가게! 이젠 아프지 말고 잘 가게!
하얀 봉투 속에 아쉬움 남기며
주차장 더듬어 차를 몰고 나오다가
낙엽 같은 영수증 하나 받는다
— 여기서 잠시 이별하며 보낸 시간이 아니라
— 귀하의 남은 이승 시간을 축복하는
— 작은 성의로 드리는 징표입니다
— 어두운 밤길, 안녕히 가십시오!

(2005)

장미 한 송이

2005년 2월 17일
제55회 졸업식이 끝나고
운동장 가득하게 운집한
승용차들도 다 돌아가고

아무도 없는 텅 빈 학교
이제 모두 다 떠나갔구나, 하면서
혼자서 2층 계단을 오르는데
목이 부러진 빨간 장미 한 송이가
접니다! 하며 작은 미소 짓는다

아직 안 가고 있었나?
악수 나누며, 책상 위에 올려놓고
고맙네! 모두들 그냥 가 버리는 요즘
네가 나를 기억해 주었구나!

차 한 잔 마시고 가게
그렇게 벼려 가 버리는 세상 인정

졸업 선물로 기억하며
너그러이 받아들이게

(2005)

약손

우리 학교 보건실에는
아픈 데가 없어도
쉬는 시간에 점심시간에
하나 둘 학생들이 찾아온다

정겨운 눈 맞춤 한번
다정한 미소 한 줌 쥐어 주면
아프지 않은 배를 움켜쥐고
여중 시절 특유의 웃음소리로
깔깔거리며 제 교실로 돌아간다

집에 갈 때, 문 열고
얼굴만 내밀어 보이는 아이
싱긋 웃으며, 그냥요! 하면서
제 스스로 따스한 약손인 양
손바닥 사랑을 흔들며 나간다

(2006)

축복의 날

— 외손 재원이 첫돌에

재원아!
너는 2003년 4월 28일
능금꽃 피는 봄날의 하늘에
우리 모두의 기쁨으로 태어난 빛이다
양가(兩家) 할아버지와 할머니의 뿌리에서
든든하게 뻗은 엄마 아빠의
따스한 품속에서 사랑과 믿음의
박수갈채로, 가슴 두근거리며
우리 모두에게 찾아온 서광(曙光)이다
재원아! 하고 너를 부를 때마다
나의 목소리에 둥근 힘이 솟아난다
미소 가득한 너의 눈망울 속에
미래로 가는 이정표가 보인다
재주를 키워 나라의 기둥이 되고
날마다 마음을 갈고 닦아서
온 세상 밝히는 등불이 되거라
해마다 오늘이 되면
너를 축복하며 기도 하리라

(2004)

일화(逸話) 1

— 아버지의 심장

옛날, 어느 먼 나라
부잣집에 귀하게 자란 아들이
예쁜 처녀를 사랑하게 되었습니다
갖가지 귀중품과 보석을 선물로 받으며
탐욕에 눈이 먼 아들의 애인이
아버지의 심장을 가져 달라고 졸랐습니다
며칠을 두고 망설이며 고민하던 아들이
결국 아버지의 심장을 움켜쥐고
급한 마음에 황급히 달려가던 아들이
그만 돌부리에 걸려 넘어지고 말았습니다
피 흘리며 흙먼지 투성이가 된
아버지의 심장이 이렇게 말했습니다
— 아들아! 어디 다친 데 없느냐?

(2004)

일화(逸話) 2

— 설경(雪景)

영동지역에 1미터가 넘는
큰 눈이 내렸다는
저녁 뉴스를 들은 다음 날
고 정주영 회장이 최불암 씨에게
이른 아침 전화를 걸어
자네 지금 뭐하는가?
나와 함께 눈 구경 가세!
눈이 너무 많이 와서 갈 수 없습니다
이 사람아! 눈이 많이 왔으니
눈 구경 가자는 거야!
다 녹아버리면 볼 수 없잖은가?
하지만, 길이 막혔는데 어떻게 갑니까?
많은 눈을 헤치며 길을 내면서
땀 흘리며 눈 구경 가는 거지
망설이지 말고 어서 나오게!

(2005)

일화(逸話) 3

— 라즈니쉬 우화에서

인도의 아크발 왕 시절에
어느 날, 왕이 신하들 앞에서
벽에 줄 하나 쓱 그어 놓고
이 줄을 짧게 만들어 보아라!
절대로 줄에 손을 대서는 안 된다!

손을 댈 수 있다면
지우든지 어찌 해 볼 건데
모두가 속수무책
어리둥절하던 중

'베발'이라는
현자(賢者)가 나와서
그 줄 밑에 두 배나 긴 줄을 그었다

(그대는 어떤 사람인가?
망설이지 말고
스스로 능력을 두 배로 키우면
자신을 이길 수 있나니)

(2006)

일화(逸話) 4

— 싸움

아메리칸 인디언 노인이
자기 내면의 싸움을 이렇게 말했다

"내 안에는 개 두 마리가 있소.
한 마리는 고약하고 못된 놈이고,
다른 한 마리는 착한 놈이오.
못된 놈은 착한 놈에게
늘 싸움을 걸지요."

어떤 개가 이기느냐고 묻자
잠시 생각하더니

"내가 먹이를 더 많이 준 놈이오."

(2006)

일화(逸話) 5

— 아메리칸 인디언 오이예사의 목소리

삶이란
초가을 황혼 무렵
풀잎에 스치는 바람소리 같고
어둠 속에 은은히 반짝이는 반딧불 같고
뽀얗게 서렸다가 엄동 찬바람에
한순간 흩어지는 들소의 입김 같고
초원을 가로질러 달려가다가
붉은 노을 속으로 사라져 버리는
작은 그림자 같은 것이다

삶은
바람소리일 뿐이다

(2006)

일화(逸話) 6

— 도전 없는 과실(마 데바 와두다 우화에서)

하느님이 이 세상에 내려와서 인간들과 함께 살았던 시절이 있었는데, 하루는 호두과수원 주인이 찾아와서 간청했습니다. "저에게 일 년만 날씨를 맡겨 주십시오! 딱 일 년만 모든 날씨가 저의 명을 따르도록 해주십시오!"

너무나 간곡하여 하느님은 호두과수원 주인에게 일 년 기후를 일임했습니다. 햇볕을 원하면 해가 뜨고, 비를 원하면 비가 내렸습니다. 덜 여문 호두를 떨어지게 하는 바람도 없었다. 천둥도 태풍도 없었고, 모든 게 순조롭게 되어 갔습니다.

호두과수원 주인은 그저 잠만 자면 되었습니다. 가을이 오고 대풍년을 맞이했습니다. 산더미처럼 쌓인 호두 중에서 하나를 깨뜨려 본 호두과수원 주인은 입을 딱 벌렸습니다. 알맹이가 하나도 없는 호두, 호두는 전부가 빈 껍질뿐이었습니다.

하느님을 찾아가 이게 어찌된 일이냐고 항의하였습니다. 하느님은 빙그레 미소를 띠고 말했습니다. "도전이 없는 것에는 그렇게 알맹이가 들지 않는 법이다. 폭풍 같은 방해도 있고, 가뭄 같은 갈등도 있어야 껍데기 속의 영혼이 깨어나 여무는 것이다."

(2006)

형산강(兄山江)

울산 두서면 백운 계곡에서 시작되는 물줄기와 치술령에서 두동면으로 흐르는 개울이 만나서 북쪽으로 봉계를 지나 경주 내남면 노실〔蘆谷里〕 들판을 가로지르는 물길을 미역내〔藿川〕라 하고, 미역내가 북쪽으로 발걸음 재촉하며 서쪽에서 다가서는 박달거랑과 동쪽의 물길 별내〔星川〕와 만나 몸을 섞으며 기린내〔麒川〕가 되어 함께 흐른다.

경주 서면 지화골〔只火谷山〕에서 발원하여 심곡 저수지를 이루고 아화거랑을 타고 남동으로 향하다가 오봉산 샘촌〔泉村〕거랑과 단석산 서쪽 송선〔松仙〕거랑과 구미산 남쪽 계곡을 타고 오는 한실거랑〔大谷川〕을 합하고, 다시 방내, 고내〔花川〕거랑과 만나 큰거랑〔大川〕을 이루어 모량천이 된다.

토함산과 외동읍 괘능에서 시작하여 신계리를 지나 시래에서 북서쪽으로 흘러 사드랫거랑〔史等伊川〕을 이루어 수남, 원들을 적시다가 양지버덩, 갯들을 돌아 반월성에 와서 맑은 모래에 세월을 씻으며 흘러드는 남천은 문천〔蚊川〕, 몰개내〔沙川〕라는 이름의 붓으로 서라벌 천년에 스며드는 지도를 그린다.

기린내가 북쪽으로 흘러 북서쪽 모량천과 만난 다음,

동쪽에서 흘러오는 문천과 한몸이 되어 서라벌 도읍의 서쪽을 눈부신 햇살로 감싸주는 허리띠가 서천〔西川〕이다.

동대봉산 골짝에서 시작하여 황룡, 암곡 거랑으로 따라 흐르다가 덕동못에 모여 하늘과 바람을 관조하던 물길이 보문 호수를 휘돌며 세상 시름 하얗게 솟구치다가 아침 햇살 눈부시게 흘러오는 물길이 동천〔東川〕인데, 성내 사람들이 북천이라는 동천은 그 옛날 육부촌장들의 목소리가 아직도 두런두런 귀에 밟히는 알천〔閼川〕이기도 하다.

알천과 서천이 합류하는 애기청소에서 마침내 형산강이라는 이름의 큰 붓을 가다듬어 오늘도 책갈피 푸른 삼국유사를 쓴다. 천년 다시 천년을 흐르며 모두 하나가 되어 다시 북쪽으로 흐르는 세월, 현곡에서 들어오는 소현천, 천북에서 내려오는 소미기내〔小項川〕, 안강의 한천〔七坪川〕, 기계천〔達城川〕, 더 내려가서 왕신천〔旺信川〕을 합하여 달빛 번득이며 형산〔兄山〕과 제산〔弟山〕의 좁은 여울목을 간신히 빠져나가 영일만의 영원한 바다, 동해 물결 푸른 시간이 되어 출렁인다.

(2004)

□해설

시의 본질을 아는 시인

장 윤 익
(문학평론가, 성결대 석좌교수)

1. 시의 본질에서 멀어져가고 있는 우리 시단

매달 천여 편의 시가 발표되어 우리 문단은 바야흐로 시의 전성시대라는 말을 듣고 있다. 그러나 중견 시인 몇 분은 우리 시단의 현실을 "시는 많지만 시 같은 시는 거의 찾아볼 수 없다"고 신랄하게 지적하여 문단의 주목을 받았다. 우리 시단은 지금 양의 홍수시대의 늪에서 허우적거리고 있는 것이다.

이러한 함량 미달의 시 발표는 '시의 본질을 외면한 채 시를 쓰고 있다'는 시인들의 자질 문제를 이슈로 등장시킨다. 이것은 시의 속성을 올바르게 인식하지 못한 시인은 독자들을 감동시킬 수 없다는 것을 주장하는 의견 제시이다. 이처럼 시의 본질을 아는 것은 시인이 되기 위한 가장 기본적인 책무이며 소양이다.

조신호 시인의 시를 읽으면서 가장 먼저 느낀 것은 그는 시의 본질을 아는 시인이라는 사실이다. 그는 사물을 예리하게 관조하여 그 속성을 캐내어서, 그것을 용해하여 감성과 지성의 여과(濾過)를 통해 형상화한다. 그리고 모든 사물을 사랑하고 수용하여 예술적인 아름다움으로 시화한다. 시를 '테크닉이 아닌 삶의 근원'으로 받아들이고 있는 조시인은 우리 시단에서 시의 속성을 지속적으로 탐구하는 시인이다.

영혼의 빛을 찾는 '충허공적(忠虛空寂)'의 마음으로 쓴 제5시집 『푸른 눈 티끌』은 우리들에게 '시의 본질과 삶의 궤적(軌跡)'을 알게 하는 시집이라는 사실에서 큰 의미를 지닌다.

2. '푸른 눈 티끌'과 언어의 연금술(鍊金術)

1) '푸른 눈 티끌'과 '강', '산벚꽃'

조신호 시인은 이 시집의 <서언>에서 "모든 사물에는 고유의 특징과 기능이 있어서 찬찬히 들여다보면 프리즘처럼 굴절되어 나오는 빛이 있다. 사물의 관조를 통해서 포착되는 그 빛에서 시를 얻는다는 말보다 사물을 계속 응시하는 유혹에 빨려 들어가서 몰입하다가 언뜻 스치는 빛의 부스러기를 조금 얻어 와서 몇 줄 시를 쓴다는 사실이 더 자연스럽다."라고 말한다.

정말 시의 속성을 꿰뚫어 보는 날카로운 관점이다. 그는 아주 비근하고 하잘 것 없는 사물에서 시의 소재를 발견하고, 시의 프리즘을 통해서 사물 고유의 특성과 기능을 찾아 그것을 시화한다. 대다수 사람들이 지나쳐 보는 '티끌'은 관조를 통해서 "푸른 눈동자의 티끌"로 변용되어 새로운 미적 가치로 표상한다. 이것이 조시인의 말처럼 "무언의 내면을 가르치는" 삶의 현상이다.

> 티끌에도, 세상을
> 멀리 바라보는 푸른 눈동자가 있다
>
> 오늘은 바람과 함께 달려오더니
> 한 순간 내 눈에 들어와서
> 숨찬 가슴 창백한 모습으로
> — 여기 잠시 쉬어 가자!

흐느껴 눈물 흘린다, 파키스탄
북동부 지역 큰 지진으로 3만, 4만
죽은 사람들, 지금도 죽어가는
이름도 얼굴도 모르는 영혼들이
자꾸만 눈에 걸려, 눈물이 난다고
울고 있다, 푸른 눈 티끌이

그래서 나도 함께 울고 있다
이 아름다운 10월의 아침에

— 「푸른 눈 티끌」

이 시의 제재는 '푸른 눈 티끌'이다. '푸른 눈'과 '티끌'은 매우 먼 거리에 있는 낯선 사물들이지만 시의 소재로 사용되어 독특한 시적 분위기를 형성한다. 그리고 "티끌에도, 세상을 / 멀리 바라보는 푸른 눈동자가 있다"로 함축된 첫째 연의 발상은 세상을 바라보는 '푸른 눈동자'가 되어 바람과 더불어 살아가는 둘째 연의 다의적 이미지로 이어진다.

"오늘은 바람과 함께 달려오더니 / 한순간 내 눈에 들어와서 / 숨찬 가슴 창백한 모습으로 / — 여기 잠시 쉬어 가자!"는 둘째 연의 첫 부분은 한순간 내 눈에 들어와 세상을 "숨찬 가슴 창백한 모습"으로 바라보도록 하는 시의 내용으로 전개된다. "여기 잠간 쉬어가자!"고 하는 시행은 앞뒤의 연을 휴지(休止)를 통해서 연결하는 촉매재의 구실을 한다. 이 행은 '눈 속에서의 쉼'을 초월하여, 눈물을 흘리는 파키스탄으로 시의 영역을 확대한다.

"흐느껴 눈물 흘린다, 파키스탄 / 북동부 지역 큰 지진으로 3만, 4만 / 죽은 사람들, 지금도 죽어가는 / 이름도 얼굴도 모르는 영혼들이 / 자꾸만 눈에 걸려, 눈물이 난다고 / 울고 있다, 푸른 눈 티끌이"로 표현된 시어들은 지진으로 죽어간 파키스탄의 처참한 현실을 '푸른 눈 티끌'이라는 프리즘을 통해서 인간을 사랑하는 시인의 눈물로 승화한다.

"그래서 나도 함께 울고 있다 / 이 아름다운 10월의 아침"으로 등장하는 셋째 연의 대비적 구조의 이미지들은 시인의 현실적 고뇌를 고조하는 요소들이다. 시의 본질은 아름다워야 한다는 것을 잘 알고 있는 이 시인은 일상에서 바라본 현실을 언어의 아름다움을 통해서 시의 미학을 구축한다. 그런 점에서 이 시는 독자들에게 상당한 감성의 충격으로 다가오고 있는 것이다.

「강물이 흐르고」는 시어들이 매우 정련되고 행과 이미지가 잘 짜여져 있어서 부드럽고 아름답다는 인상을 주는 시이다. 또한 언어의 매력에 빨려 들어가 시를 읽는 재미를 가지게 하는 시이기도 하다.

한강을 내려다보는 아파트에
세금이 더 부과된다는 것은
우리 마음속에 늘 강물이 흐르고
국세청 컴퓨터에도 물새가 운다는 말이다
— 「강물이 흐르고」의 초반부

이 시는 '한강을 내려다보는 아파트에 세금이 더 부과되는 것'으로부터 시작된다. 그리고 "우리 마음속에 늘 강물이 흐르고 / 국세청 컴퓨터에도 물새가 운다는 말"로 이어지는 이 시는 문명과 자연의 조화를 시적 형상화로 승화한 작품이다. "아파트 · 세금 · 국세청 · 컴퓨터"에 대비되는 "물안개 · 수초 · 피라미 · 치어 · 쇠물닭"들은 이질성을 지닌 사물들이다. 그러나 이 소재들은 "여명의 하늘로 밝아온다는" 행으로 연결되면서 한강과 아파트가 오버랩 되어 자연과 문명이 공존하는 시적 형상화로 나타난다.

또한 "쇠물닭이 푸드덕 날아간 보금자리 / 떨어진 깃털에 따스한 체온이 남아"와 "물결 위에 종종 걸음 바람 발자국이 / 은빛 스치며 지나가는 하늘 저 멀리"등의 시행들은 섬세한 감성과 시어의 특성을 최대한으로 살린 시구(詩句)들이다.

조신호 시인의 감성은 매우 예리하다. 그의 감수성은 꽃을 바라보고, 거기에 내재하고 있는 보이지 않는 아름다움을 찾아내어 시의 속성으로 만들어내는 탁월한 창작능력으로 나타난다. 그는 다른 시인이 지니지 못한 직관과 투시력, 그리고 언어를 시어로 형상화하는 장인(匠人)의 기질을 지니고 있다.

목련꽃 그늘에 서면
네가 떠날 때 듣지 못했던
낮은 발자국 소리가 들린다
뒤돌아보지 않으려고 어금니 물고
한 잎 두 잎 땅바닥에 떨어지는
네 커다란 눈동자의 여운이
하얀 꽃잎으로 쌓인다

— 「목련꽃」의 전반부

산벚꽃 한 그루
환한 영혼이 가득한 사람을 만나면
아쉽게 그와 헤어진 뒤에도
그 환한 빛의 잔영이 눈에 어른거려
온종일, 그 다음날 까지
때로는 일주일 내내, 그 발자국이
주변을 그림자처럼 감돌아 행복하다.

— 「산벚꽃」의 전반부

조신호 시인은 꽃을 통해서 이별을 상정한다. 그는 이별의 아픔을 꽃의 아름다움으로 승화하여 자연의 이치를 인간의 감성으로 형상하는 미학을 전개한다. "목련꽃 그늘에서 / 네가 떠날 때 듣지 못했던 / 낮은 발자국 소리를 듣는" 것은 사물을 바라보는 시인의 상상력에서 이루어진 투시력의 표상(表象)이라고 말할 수 있다. “목련꽃 그늘에서 낮은 발자국 소리를 듣는 것”은 시인만이 가진 청각적 기능이다. 시인의 관조는 한잎 두잎 자연으로 떨어지는 하얀 잎사귀의 노을 빛 정경에서 “하얀 눈시울이 저리 붉어 / 석양 하늘이 저무는” ‘이별’의 속성을 발견한다. 이 시는 꽃에 내재한 이별의 속성을 극명하게 드러낸 작품으로 평가할 수 있다.

2) 언어의 장인(匠人)

조신호 시인의 사물에 대한 관조와 언어에 대한 관심은 안동지방 어느 마을의 할머니와 동네 아이의 소박한 사투리 대화를 소재로 「호드기」라는 출중한 시를 낳는다. 시 「호드기」는 문명과 개발에 밀려가고 있는 우리 농촌의 토착적인 언어와 풍습을 토속어의 재현을 통해서 시의 진수(眞髓)를 살려낸 매우 이색적인 작품이다. 이 작품은 “시는 재미가 있어야 하고 읽는 즐거움이 있어야 한다.”는 시의 전달기능을 잘 살린 시로 평가할 수 있다.

실건아, 니 우리 호득이 못 봤나?
호득이요, 내 호드기는 여기 있지만
할매네 호드기는 못 봤니더!
옛기 넘아, 그게 무슨 호득이고 초래지
이게 어째 초래이껴, 할매요
호드기지요, 버들피리 마리시더
이놈아! 그게 어디 버들피리더냐?
버들피리는 물괴기 란다, 물괴기
할매요, 그럼 물괴기 소리 한번 들어보이소!
삘리리, 삘리리, 삘리리

— 「호드기」 전문

언어의 괴력(怪力)은 읽는 사람들을 감동시키기도 하고, 흥분시키기도 한다. 문학작품과 작가의 위대성은 언어를 통해서 이루어진다. 따라서 작가의 수준은 언어를 다루는 능력에서 평가된다는 것은 이미 일반화되어 있는 사실이다. 그래서 "시인은 언어의 연금술사가 되어야 한다"는 것은 19세기 말 상징주의 시인 말라르메에게 붙여진 말이다.

조신호 시인에게도 이러한 말이 적용되어야 할 것 같다. 조신호 시인은 장인(匠人)이 연금술의 수련을 통해서 작품을 만드는 것처럼 시인은 '언어의 장인(匠人)'이 되어야 한다는 것을 창작 자세로 인식한다. 조신호 시인의 작품 대다수는 언어에 세심한 관심을 가지고 쓴 것으로 평가되고 있지만, 특히 시 「호드기」는 언어의 마력(魔力)을 보여주는 작품이다.

화두(話頭)에서 "실건아, 니 호득이 못 봤나?"의 할머니의 물음은 평범한 물음으로 보일지 모르나 결코 그렇지가 않다. 아이들의 이름인 '실건'과 호득은 소박하면서도 정감이 가는 이름이다. 우리의 풍습이 베인 이름이고, 리듬에 어울리는 이름이다. 이렇게 조 시인은 이름 하나에도 세심한 관찰과 날카로운 언어감각을 통해서 시의 특성을 살려내고 있다.

다음으로 이어지는 실근이의 대답은 유모러스하면서도 아이러니칼하다. '호득이'를 '호드기'로 대답하면서 "내 호드기는 여기 있지만," "할머니의 호드기는 못 봤다"는 실근이의 능청은 웃음을 자아내게 한다. 여기에 '호드기'를 '초래'라고 대답하는 할머니의 재치 있는 응수도 매우 재미있는 표현이다. 할머니의 '초래'를 '버들피리'로 대답하는 실건이와 그것을 다시 '물괴기' 라고 말씀하시는 할머니와의 대화는 우리말의 아름다움과 시어로서의 미적 가치를 증명해주는 표현들이다.

그리고 '버들피리'를 '물괴기' 라고 우기시는 할머니의 말씀에 "그럼 물고기 소리 한번 들어보이소!"로 이어지는 마지막 행의 "삘릴리, 삘릴리, 삘릴리"의 의성어 반복은 극적 양상을 조성하여 언어의 예술적 효과를 최대로 살려내고 있다. 이 시는 시를 읽는 재미와 시어의 극적 효과를 형상화한 매우 주목받는 시로 평가된다.

3. 「용강 우거(寓居)」와 「일화(逸話)」의 미학

1) 고독에서 피어난 형상

조신호 시인은 '용강 우거' 생활을 통해서 '일상(日常)'과 '고독'을 새롭게 바라보고 느끼며, 그것을 시의 미학으로 전개하는 작업을 계속한다. 그는 「용강 우거」의 시리즈를 "문향(聞香)", "침묵", "나의 잔상(殘像)", "따스한 밥 한 그릇", "가을", "우음(偶吟)", "동행", "만남", "부싯돌" 등의 부제로 전개한다.

시리즈 1, 2, 3, 4는 혼자 사는 생활이 중심이 되어 주변을 관조하는 것으로 시화되고 있다.

작은 아파트에
가구도 없이 혼자 살면서
현관문 두 겹 잠그고
창문까지 닫아 건다

대문 없이
창호지 얇은 바람에 살던
어린 시절 고향집이
아득히 그리운 밤

— 「용강 우거 1」의 전반부

작은 집에
일년 넘게 혼자 살면서

늘 풍성한 침묵이 좋아서
오늘도 무한궤도 기차를 타고
우주 원두막에 오른다

— 「용강 우거 2」의 첫째 연

가진 것도 별로 없는
작은 아파트를 이토록 끈질기게
확인하고 잠그는 행위를 계속하는
일상의 반복, 그 하찮은 강박감을
애써 떨치며 골목길을 나선나
어릴 때, 대문도 없이
창호지 얇은 방문에 손잡이만
동그랗게 늘 정겨웠다고
혼자서 중얼거리며 출근한다

— 「용강우거 3」의 후반부)

「용강 우거 1」은 가구도 없이 혼자 살면서 현관문을 두 겹 잠그고 창문까지 닫아 건 자유가 차단된 공간을 형상화한 작품이다. 도시의 생활, 특히 아파트의 생활은 밀폐된 콘크리트 문명의 현장이다. 그러나 인간의 감성은 잠겨 진 공간을 초월한다. 대문 없이 살던 어린 시절, 고향집에서 풍겨오는 라일락 향기를 맡기도 하고, 닫아 걸 문이 없는 고향집의 분향(聞香)에서 달빛에 돌아서는 밤을 맞기도 한다. 조신호 시인은 닫쳐진 일상의 공간을 뛰어 넘어 고독에서 피어난 상상력의 형상을 만들어 가는 시인이다.

「용강 우거」 2와 3의 시리즈는 '침묵'과 '나의 잔상'이다. '나의 잔상'은 매일매일 작은 아파트를 끈질기게 확인하고 잠그는 행위를 계속하는 일상의 강박을, 어릴 때 대문도 없이 자라던 추억으로 '나의 잔상'을 바라본 시편이다. 일상에서 벗어나고자

하는 나의 존재에 대한 점검은 굶주린 아프리카인들과 내 주변의 인간사의 모든 일들을 바라보는 계기를 마련한다.

나의 인생과 예술의 창작공간이 되는 작은 집에서의 생활은 풍성한 침묵으로 통한다. 대화가 없는 생활은 필연적으로 침묵을 수반한다. 그러나 시인의 침묵은 적멸(寂滅)의 공간에서 우주로 통하고 신의 소리를 듣는다. 침묵은 무언의 응답을 통해서 바람과 강물과 꽃향기의 소리를 듣는 것이다. 여기에 「용강 우거」의 「동행」과 「만남」의 의미가 있다.

"유록색 꽃가지에 / 하얀 초승달이 걸려 / 이슬 젖어든" '용강 우거'의 만남은 "그래도 시 한편 얻을 수 있다면 / 그 얼마나 좋은 일이겠는가"라는 소중한 시의 원동력을 낳는 기반이 된다. 이런 점에서 「용강 우거」 시리즈는 조신호 시인의 시 작업에서 상당한 문학적 의미를 지닌다.

2) 「일화(逸話)」의 시적 여운

일화는 널리 알려지지 않은 사건이나 이야기이다. 널리 알려지지 않았기 때문에 그것이 부상(浮上)되면 흥미와 재미를 수반하는 이야기 거리가 된다. 조신호 시인은 우리나라를 비롯한 세계 곳곳의 일화를 시화하여 시의 영역을 넓혀주는 작업을 진행하여 문단의 주목을 받았다. 「일화」 시리즈가 그 대표적인 작업이다. 「일화」 시리즈는 1~6까지의 연작시로서 「아버지의 심장」, 「설경(雪景)」, 「라즈니쉬 우화에서」, 「싸움」, 「아메리칸 인디언 오이예사의 목소리」, 「도전 없는 과실(마 데바 와우다 우화에서)」 등으로 구성되어 있다.

옛날 어느 먼 나라
부잣집에 귀하게 자란 아들이

예쁜 처녀를 사랑하게 되었습니다.
갖가지 귀중품과 보석을 선물로 받으며
탐욕에 눈이 먼 아들의 애인이
아버지의 심장을 가져 달라고 졸랐습니다.

— 「일화 1」의 전반부

영동지역에 1미터가 넘는
큰 눈이 내렸다는
저녁 뉴스를 들은 다음 날
고 정주영 회장이 최불암씨에세
이른 아침 전화를 걸어
자네 지금 뭐하는가?
나와 함께 눈 구경 가세!

— 「일화 2」의 전반부

삶은
바람소리일 뿐이다

— 「일화 3」의 전반부

서정주의 「질마재 신화」는 우리 신화를 시화하여 우리 시의 영역을 확대해 주었다는 점에서 대단한 문학적 업적으로 평가받았다. 조신호 시인의 「일화」 시리즈도 유사한 작업으로 받아들일 수 있다. 쉽게 읽혀지면서도 시를 읽는 즐거움과 삶의 의미를 가르쳐 주기 때문에 그의 시는 우리들에게 교훈과 여운을 남긴다. 「일화(逸話) 1」은 아들에 대한 아버지의 지극한 사랑의 일화를 시화한 작품이다. 아버지의 심장을 달라는 탐욕에 눈이 먼 아들의 애인에게 아버지의 심장을 가져가다가 돌부리에 걸려 넘어진 아들을 보고 흙투성이가 된 아버지의 심장이 "— 아들아! 어디 다친 데는 없느냐?"고 걱정하는 아버지의 애정 이야기는 교훈성과 예술성을 지닌 시적 호소력으로 들려온다.

또한 정주영과 최불암의 대화로 엮어지는 「일화 2」의 위트와 언어의 전개도 매우 돋보이는 창작기법이며, 삶을 "풀잎에 스치는 바람소리", "반짝이는 반딧불", "들소의 입김", "사라져버리는 작은 그림자"로 표현한 '아메리칸 오이예사의 목소리'는 인생의 허무와 삶의 의미를 진솔하게 전달하는 언어의 호소력으로 다가온다. 이야기 거리와 숨은 운율로 전달되는 시의 기능은 문학의 어느 장르보다도 극적인 어조와 형상화의 아름다움에서 우리들의 감성을 자극한다. 조신호 시인은 이러한 시의 예술성과 교훈성을 잘 알고서 창작하는 시인이다.

이 시집에는 앞에서 취급한 작품 이외에도 「의자」, 「신념」, 「안경」, 「빈 접시」, 「나무와 숲」, 「산도화」, 「이별」 등 우수한 작품들이 많이 수록되어 있으나 지면 관계로 언급하지 못한 것을 안타깝게 생각한다.

4. 빛의 통로

이순(耳順)의 나이를 맞고 있는 조신호 시인은 자신을 사물과 사물들의 중간에 서 있는 존재로 인식하고 사물의 빛을 찾아가는 방향을 자기의 통로로 인식한다. 교장의 책무를 맡으면서 「용강우거」를 하지 않으면 안 되는 입장에서 오히려 새로운 삶의 의미를 발견하고 자연과 인생의 바람소리를 듣는다. 그리고 「일화」의 의미와 가치를 새롭게 인식하고 장인(匠人)의 입장에서 언어의 중요성을 보다 더 심도 있게 탐구한다.

"텅 비어 있는 적막(寂寞)함의 본질인 삼라만상(森羅萬象)을 스승으로 삼은" 시집 『푸른 눈 티끌』은 문학과 인생의 본질을 새롭게 정의하는 시집이 될 것임에 틀림이 없다. 제 5시집 발간을 진심으로 축하드린다. (*)